U0100464

老拳譜新編 25

形意拳譜五綱七言論
形意拳基本行功秘法

靳雲亭 高降衡 著

大展出版社有限公司

陽少陽會於大杼第一椎下兩旁去脊中一寸五分臨中內也

抵腰中入循膂絡腎○難經曰督脈任脈四尺五寸共合九尺

至陰者曰臍戶乃督脈足太陽之會戰也

見渾淪之下乃水渙而相接

猜天地海藏曰陰蹻陽蹻同起跟中

二脈一漂古曰督者都也為陽脈之都綱任

相連任太陽之會戰也

脈督脈也名曰氣衝為經曰督脈任脈四尺五寸共合九尺

起跟中乃陽脈之都綱

於身之前一行於身之後人身之有任

後人身之有

佰陽分可以合分之以見陰陽之不離合

陽之不離合

曰任督

火交媾之鄉故

居此一兩一者也

以奉上上有神

鏡去上鵲

催希起天元人拳鏡去

策劃人語

本叢書重新編排的目的，旨在供各界武術愛好者鑑賞、研習和參考，以達弘揚國術，保存國粹，俾後學者不失眞傳而已。

原書大多為中華民國時期的刊本，作者皆為各武術學派的嫡系傳人。他們遵從前人苦心孤詣遺留之術，恐久而湮沒，故集數十年習武之心得，公之於世。叢書內容豐富，樹義精當，文字淺顯，解釋詳明，並且附有動作圖片，實乃學習者空前之佳本。

原書有一些塗抹之處，並不完全正確，恐為收藏者之筆墨。因為著墨甚深，不易恢復原狀，並且尚有部分參考價值，故暫存其舊。另有個別字，疑為錯誤，因存其眞，未敢遽改。我們只對有些顯著的錯誤之處，做了一些修改的工作；對缺少目錄和編排不當的部分原版本，我們根據內容進行了加工、調整，使其更具合理性和可讀性。有個別原始版本，由於出版時間較早，保存時間長，存在殘頁和短頁的現象，雖經多方努力，仍沒有辦法補全，所幸者，就全書的整體而言，其收藏、參考、學習價值並沒有受到太大的影響。希望有收藏完整者鼎力補全，以裨益當世和後學，使我中華優秀傳統文化承傳不息。

為了更加方便廣大武術愛好者對古拳譜叢書的研究和閱讀，我們對叢書作了一些改進，並根據現代人的閱讀習慣，嘗試著做了斷句，以便於閱讀。

由於我們水準有限，失誤和疏漏之處在所難免，敬請讀者予以諒解。

形意拳譜五綱七言論

附圖

呂景端署

形意拳譜五綱七言論

補堂署

癸亥仲冬上海
大東書局製版

癸亥中秋

技進乎道

武進臧目題

雲亭體育大家

衛生之經

盛昇頤

目錄

昔家嚴久宦燕省，北方風氣剛勁，向多武士。

余少時隨侍在署，攻書之暇，好尚武功，譚腿、少林、戈、矛、劍、戟，無不嫻習。繼遇直隸深縣郭雲深先生，謂余曰：「與其用功於小道曷若致力於眞傳乎？」遂邀請署中，用執贄禮相見。從學十餘載，俾余動中求靜，達到上乘絕技，恍然悟「養得十分氣，便得十分寶」洵非虛語。迄今已過中年，精神上極感愉快。南歸寓滬後，曾與吳橋靳雲亭君相邂逅，談及拳法，亦與余同派，詳考淵源，知係山東樂陵尚雲祥先生之高足，現為武進盛澤承先生延致在家，教練子弟。近年來，得其益而踵門求學者，日見增多，雲亭遂用攝景法，照出形意各像，並附簡明說帖，使後學見之，皆奉此卷眞傳，人人可冀延年益壽焉。書既成，回述緣起於簡端。

癸亥秋分節日　杭縣　錢硯堂　序

吾人德育、智育之外，兼重體育。體育一道，門徑甚多，求其簡易，而老少可學者，莫如形意拳法。緣此拳專以養氣為主，劈、崩、鑽、炮、橫，即屬金、木、水、火、土，外分五式，實用貫五臟，蓋天然衛生之妙用也。

今吳橋靳雲亭先生，將圖像表示一目了然，其有裨於後學，豈淺鮮哉！

余於辛酉冬始隨靳君練習是技，僅歷二十餘月，已覺身輕體泰，獲益良多。所期此書一出，廣為流傳，將來莘莘學子研究體育，咸入斯中正軌途焉，曷禁跂予望之。

癸亥夏五吳縣盛鈞蔚岑甫識　時年六十有三

序

余自辛亥改革後，館滬上盛宮保弟，見吳橋雲亭靳先生，謂自北而來，工於武術者。

余於此道未經涉歷，且性非所近，亦因置之。厥後，吳君砥臣、芷庭，呂君子彬，體各羸弱，隨而習之年餘，覺氣禮殊異，繼而崔君鶴卿久病始癒，而形神困憊，痰喘氣牆，鑑於砥臣諸君之有效也，遂即趨步其間。不及一年，而向之所患者，無形自化。余甚奇之，謂先生非特工於拳術，且工於醫術也，就而教之。先生曰：「世之武術，傳自達摩，至宋岳武穆推達摩所作易筋、洗髓二經之精蘊，演為形意拳，俯仰屈伸，參互錯綜，以意使形，以形使氣，余所習者惟此。

余年少經商，體弱多病，或謂能得形意拳之訣者，優可却軟弱之症，於是遍訪名師，然工於少林武當者多，工於形意者少，間有知之者，非驕即吝，輾轉得遊於樂陵尚雲祥、宛平孫祿堂兩師之門，先後十餘年得窺門徑，藝雖未精而體竟無恙，竊謂人言之不我欺。其實不外乎養氣，氣得其養則心自平，所謂天君泰然者。百體縱令病於何有?子謂余工醫術，則吾豈敢。」余曰：「此先生之自謙，實先生之悟道語也。」亦即相與周旋之，數月來，飲食起居頗覺其暢。適先生詢同人之請，將此法摘要付梓，爰舉所聞見者略述一二，似附諸君子後。至其圖像論說，有先生之原書在，茲不贅云。

癸亥八月武進鄭光照逸裝氏敘於海上愚齋圖書館　時年六十有三

蓋形意拳者，又名五行拳，按金木水火土，合心肝脾肺腎，實寓陰陽動靜之至理，非尋常技擊，僅能強筋骨活血脈已也。

余素體肥胖，行動頗滯，得靳君以教練之，兩閱寒暑，從無間斷，果覺精神活潑，步履輕便，足徵此拳於體育上有無窮之利益，應人人奉為至寶也。

爰書數語，藉志景佩。

武進盛玉麐

序

形意拳者，眞衛生之要術也。練習須有恆心，日久不輟，身體而力行之，則思過半矣。

鄙人前患濕痰氣促之症，藥力無效。諸同志以此拳相勸，又承雲亭先生隨時指導，具有熱心。年餘以來，身體輕健，眠食異常。飲水思源，實出先生所賜。聊書數語，藉答高誼，以志不忘云爾。

京兆武清崔鶴卿謹識　時年五十有七

序

鄙人體瘦而精悍，自壬子冬月北旋，忽患咯血症，病癒元氣大傷，行動喘息，藥石罔效，已歷數年，未老先頹，甚為憂忿。

吳橋靳君，同鄉友也，精於形意技術。適己未孟秋來滬，語我此拳妙訣，以順氣下行為主，貫入丹田，可補先後天之不足，若練此拳，最為相得。靳君雄辯高談，頓開茅塞，遂約吳君砥成，呂君子彬，於是年九月開始練習。靳君善誘循循，不遺餘力。鄙人等日做數次，尚無間斷，不過五載，舊恙已除。現年五十有二，身體較勝於昔，步履輕便，如四十之年。至於吳、呂兩君，體本勝我，更為強固。感深再造，用誌數語，以銘不忘。

癸亥仲夏　直隸南宮吳樹蘭芷庭

序

形意拳權輿於達摩，至宋岳武穆而大明，歷代相傳，綿延不絕。支派所衍，盛行極北，僕固飫聞之矣。吳橋靳雲亭先生，精於斯術已。未秋來滬，一見莫逆，遽訂縞紵。叩其用意所在，以却病永年為宗旨。僕固多病，因而習之。五年以來，寒暑罔間，覺精神筋力，前後如出兩人，始信先生之言，為不余欺也。旋聞其有師弟，遞相傳本，未公諸世，余索而讀之，大致由體育而養氣，氣得其養則神自完。客感無由而入，意雖深切，言極明顯，合老幼而皆宜，登斯人於仁壽。爰勸其付之剞劂，以餉同人。先生深以為然。將付梓謹跋數語，以誌景仰。

癸亥夏午　江蘇吳縣吳砥成識

序

雲亭靳君，直隸吴橋人。幼從名師尚雲祥先生，研究形意拳二十餘年，深造有得。

是拳分五式，劈形屬金，崩形屬木，攢形屬水，炮形屬火，橫形屬土，主在養氣健身，不涉技擊，因形通意，故曰形意。

己未秋，澤丞四先生，提倡體育，延聘來申，教授同志，不憚煩數，春風和煦，藹然可親。

蔚體素弱，與藥為緣。從事經年，夙疾若失，且益頑健，深信先賢不我欺。爰商君將拳譜摘要付印，以公同好，俾知國粹體育，賢於西人也。印成述其緣起如此。

癸亥午月　京埏霸縣子彬呂文蔚

自序

孟子曰：「持其志，無暴其氣。」，是心與氣相為表裏者也。心為氣之將帥，氣為心之卒徒。若第有將帥而無卒徒，臨陣之際，誰與為用？吾人無論所為何事，心有餘而氣不足，必無可成之理。故孟子又曰：「我善養吾浩然之氣也。」

余幼時體弱多病，不能耐勞。或告我以形意拳者，專以養氣為主，氣足則體壯，而病自去矣。遂遍訪精於此技者，得樂陵之尚師雲祥、宛平之孫師祿堂，從遊門下，先後十數年，非特病癒而體甚強，獲益良多矣。

按形意拳學，創自達摩祖師，由中州而燕京，簡而不煩，雅而不

俗，淺而易明，勞而不傷，依法習練，日須片時，便時筋縮者伸，弛者和，散者聚，柔者剛，血脈流通，精神強固；不問老幼，並無妨礙。

己未秋，為澤丞盛四先生召來滬上，又承諸同志者所不棄，朝夕相聚，研究健身頤養之道，囑將此法流傳，以餉來者用。特不揣冒昧坿誌數語就正。

有道云爾　吳橋雲亭靳振起識

雲亭先生四十三肖像

癸亥仲夏嘉定金砭史頭

無事之家不知其福也
事至始知無事之福矣
無病之身不知其樂也
病生始知無病之樂矣

束身下氣
吸氣開胸
意勿外馳
誠心守中

善養浩然氣
多誦般若經

上中下總氣把定

身手足規矩繩墨

頭若頂天
項須直豎
閉口藏舌
津液還丹

第一曰劈
其形似斧
五行屬金
五臟養肺

用拳要捲緊 用把把有氣

不前俯後仰 不左斜右歪

劈拳起落論

兩拳以抱口中去
拳前上攢如眉齊
後拳隨跟緊相連
兩手抱脇如心齊
氣隨身法落丹田
兩手齊落後腳隨

四指分開虎口元
前手高只與心齊
後手只在脇下藏
手足鼻尖三對尖
小指翻上如眉齊
劈拳打法向上攢
腳手齊落舌尖頂
進步換式陰掌落

意貫周身
運動在步
兩手往來
勢如連珠

第二曰崩
其形以箭
五行屬木
五臟舒肝

前足不宜裡扣　不可外橫

後足似順不順　似橫不橫

崩拳起落論

崩拳出式三尖對
虎眼朝上如心齊
後手陽拳脇下藏
前腳要順後腳丁
後腳穩要人字形
崩拳翻身望眉齊

身站正直腳提起
腳起膝下橫腳跐
腳手齊落剪子股
前腳要橫後腳順
崩拳打法舌尖頂
前手摞肘望上托
進步出拳先打脇
後腳是連緊隨跟

肘不離脇
手不離心
攢翻進步
總要齊全

第三曰攢
其形似閃
五行屬水
五臟補腎

兩股兩肱似直非直似曲

非曲有陰有陽中氣穩也

攢拳起落論

前手陰掌向下扣
後手陽拳望上攢
出拳高攢如眉齊
兩肘抱心後腳起
眼看前拳四梢停
攢拳換式身法動

前腳先步後腳隨
後手陰掌肘下藏
落步總要三尖對
前手陽拳打鼻尖
小指翻上肘護心
攢拳進步打鼻尖
前掌扣腕望下橫
進步掌翻打虎托

氣聚中脘
機關在腰
兩肩鬆開
取其虛中

第四日炮
其形似炮
五行屬火
五臟養心

剛則虛浮　柔則沉實

沉重如山　氣透膚理

炮拳起落論

兩肘緊抱腳提起
兩拳一緊要陽拳
前手要橫後手丁
兩拳高只肚臍抱
氣就身法入丹田
腳手齊落三尖對

拳打高只與心齊
前拳虎眼朝上頂
後拳上攢眉上齊
虎眼朝下肘下垂
炮拳打法腳提起
落步前拳望上攢
拳腳齊落十字步
後腳是連緊隨橫

胸膛開展
小腹下垂
臀弗欠起
穀道上提

第五曰橫
其形似彈
五行屬土
五臟養脾

扭身要步形同擰繩

內開外合是謂扣胸

橫拳起落論

前手陽拳後手陰
後手只在肘下藏
換式出手腳提起
身法一站氣能通
舌尖上捲氣外發
橫拳換式剪子股

斜身要步腳手落
後手翻陽望外撥
落步陽拳三尖對
鼻尖腳尖緊相連
橫拳打法後拳陰
前手陽拳肘護心
左右開弓望外撥
腳手齊落舌尖捲

既學拳術
只可養成
精氣不可
養成剛氣

形意拳七字二十一法

頂

三頂者，頭望上頂，舌尖頂上嗓，手掌望外頂。明了三頂多一力。

扣

三扣者，膀尖要扣，手背要扣，腳面要望下扣。明了三扣多一精。

元

三元者，脊背要元，胸脯要元，虎口要元。明了三元多一妙。

抱

三抱，丹田要抱氣為根，心中要抱身為主，胳膊要抱四梢停。明了三抱多一行。

垂

三垂，氣垂丹田身為主，膀尖下垂意為真，肘尖下垂肩為根。明了三垂多一靈。

月

三月芽者，胳膊似弓要月芽，手腕外頂要月芽，腿肘連彎要月芽。明了三月多一力。

停

三停，脖梗要停有豎相，身法要停分四面，腿膝下停如樹根。明了三停多一法。

總身七法又分三七

二十一法是一法也

形意拳六合百體要領

心與意合，意與氣合，氣與力合，內三合也；手與足合，肘與膝合，肩與胯合，外三合也；此謂六合。

左手與右足相合，左肘與右膝相合，左肩與右胯相合；右之與左亦然，以及頭與手合，手與身合，身與步合，孰非外合？

心與眼合，肝與筋合，脾與肉合，肺與身合，腎與骨合，孰非內合？

豈但六合而已哉，然此特分而言之也。總之一動而無不動，一合而無不合，五行百骸，悉在其中矣。

形意拳，余素有志而未逮者也。澤承四侄訪雲亭之術，延之至滬，不數月從者闐門，四侄亦忻然鼓舞同志諸君，為刊其圖說行世。余喜雲師之道南也。附跋於此。

癸亥秋日　武進盛麟懷

中華民國二十年三月三版
形意拳譜五綱七言論（全一冊）
○每部定價大洋六角
外埠酌加郵費匯費
編輯者　吳橋靳雲亭
發行人　沈駿聲
印刷所　上海北福建路二號　大東書局
總發行所　上海四馬路九十九號　大東書局
分發行所　南京　長沙　徐州　廣州　天津　梧州　北平　哈爾濱　遼寧　汕頭　漢口　成都　大東書局

此書有著作權翻印必究

祁縣高降衡編

形意拳基本行功秘法

趙戴文題

序

拳術之於中國，由來久矣，高揉捷擊，代有名家，草澤朝堂，各懷專技，師承雖各有自，運用初無不同，要而言之，拳術云者，實先民健體衛身之法耳。

有清以降，火器發明，戰不用刀戟，人遂以拳術為無用，遞相傳演，頹然成風，數十年來，曾無以拳術倡於世者，嗚呼！庸詎知拳術之效用，不僅在疆場之技擊，而實以鍛鍊精忠之體魄乎？民氣頹廢，國難日亟，豈非吾民昧於拳術，精神不振之故耶？

祁縣高先生，名降衡，字殿卿。少奇志，從同縣賈大俊先生習拳術，盡得形意拳之精髓。既又遊於大江南北，與海內英俊相切磋。歸而

拳愈精，志愈篤，常有提倡拳術，以挽狂瀾之志，然數奇卒不得其機，每對知好，輒深大□（原書漏字）。

甲戌乙亥間，國內咸知拳術之重要，遍設國館以為提倡。國術者，即拳術也，名以國術，豈謂拳術為中國特有之意歟？先生乃出其所學，著而成書，命曰《形意拳基本行功秘法》，詳述形意拳之源流、宗派，及初學練習之要著。學者遵而行之，必有其所至，夫拳術精，體格必健；體格健，精神必強，聚四萬萬強健之人民，尚何有亡國滅種之患哉！杲中國不亡，先生實有力焉。文身體孱弱，夙從先生學，今先生出版是書，故略誌數語，聊以述先生之志耳，是為序。

受業前察哈爾懷安縣縣長李允文謹序

序

世之言拳技者，多稱「少林」，而少林之傳，以達摩為開山祖，至於今賴以不墜者，岳武穆公之功為不可沒。形意拳術，即公根少林而舒其獨得之秘也。惟自宋迄清，其間相傳遞嬗之跡，不可得詳，而有清一代，稱拳技之士，無不知有山西戴二閭者。戴承岳氏遺術，功行精摯，傳遍南北，三晉梓鄉，其徒尤衆，今日吾國之嫻是術者，皆其門人後進也。

吾嘗考之，拳術自趙宋，而有「武當」、「少林」之分，武當祖張三豐先生擅太極功，於今亦盛行宇內。據昔賢遺譜，岳、張之傳，皆自山西復見於世，是則吾晉自古多產拳勇豪俠之士。然民風淳樸，蘊珍自享，其湮沒不彰者，抑豈少哉？

余性喜拳技，三晉武士，從遊者甚多，因創山西省國術促進會，以健身強種為職志。聞祁邑高君降衡精形意拳，得戴氏嫡傳，竊喜其異於衆也。旋以所著《形意拳基本行功秘法》，屬序於余。余檢讀一過，甚佩高君能以科學之方法，次第其淺深，以基本為成功圭臬，扼要導竅，以示學人，其功昔賢，嘉惠後進，實非淺鮮，至個人之功行卓異，猶餘事也，發揚隱秘，開闢津梁，余於高君見之矣，是為序。

中華民國二十四年五月山西汾陽新午王華傑

序

凡諸有情生存競爭方法，不外制他、被制兩途，其顯著者，如獅搏、虎撲、猿升、豹竄、鷹擊、鷂穿、龜縮、蛇盤，皆有制他及避免被制之本能，然皆單有一種者居多。人為豎立有情競爭方法，較諸他有情為強。雖本能不及獅虎等類之各具專長，意取而數學習反能完備而超越。

中國拳術之勢法，其步武、身手、攻守方法，則皆效法人類以外他之有情者為夥，凡普遍於三大流域之武術，派別分歧，門戶羅列，各有專長，難分優劣，果能登峰造極，皆有特妙境界。惟薈萬品之專長，集群生之本能，獨推形意一門為尤妙。創始不知於何時何人，好事者崇岳武穆、牛皋等為始祖，恐不盡然。吾學識有限，未窺其專籍之記載，故不敢云人之所云。

山右形意，古代難參。但知近世盛自祁縣戴氏。戴氏者，乳名二閭，以其性為悍而行二，故人以二閭名之。在清道咸間，二閭名震於大江南北，各省豪傑，相與結納。其藝得自何人，難以探索，惟其術絕妙，繼之者鮮。其子孫輩中，間有一二紹述者，亦未得其全，焉能發揚光大。

吾友高君降衡，祁籍也，獨得二閭心傳，且心精力果。因國人提倡國術，於是將形意拳學列書而行世，一以傳戴氏之學於不墜，一以供諸國人之研學。書成索序於余。吾少學仙猿掌法，於形意一門，毫未問津，惟粗知斯門命意之所在，及耳熟戴氏之名望，略拈數語，以弁書首。是為序。

山西陸軍四十七團第一營營長
前 兼省會警察廳勤務督察長
裴翰藻 序於太原國術促進會

強國之基

李吉文題

宣揚國光

李相廷

著者肖像

形意拳基本行功秘法　目錄

下編……八九

編輯大意

一、本書分上下兩編，上編敘述形意拳之淵源及要訣：下編將站丹田、奔丹田、練六合，以及五行、十二形象等勢，繪圖解說，俾初學者一目了然。

二、本書係根據吾師所傳，及個人經驗所得，編輯而成。

三、本書因時間關係，僅就徒手基本拳而論，至三趟雜勢錘，以及六合槍、六合刀、五行棍、五行劍、雙手帶、三節鞭、黑虎鞭、孫臏拐、虎頭鈎、雙鐵筷，等俟有暇時，當陸續出版。

四、編輯本書時，李殿卿、李子章二君曾充任咨詢，特誌於此，以資不忘。

五、本書倉猝編就，舛錯缺略之處，在所難免。如蒙方家指正，實所厚望。

序

國術一道，由來已久，雖代有名流，然其教多屬口傳，且嘗授藝不授意；攻斯術者，若無專書以考，每抱向隅之嘆！近夫國民精神委靡不振，西人稱為東亞病夫！先知先覺者，為保存國粹，復興民族計，感武術之需要，誠救國之藥石，於是竭盡其力，以倡導之。向不輕視於人之拳譜精義，亦多見諸著述，公示於人耳。

余友高君殿卿，酷好斯道，精於形意拳，每工作之暇，必同二三知己，悉心研究，偶然與高采烈，通宵達旦，而未見有惰容。乙亥之春，君將其所學，編定成冊，定名為《形意拳基本行功秘法》。其練法，必先從根本著手，首站丹田，次練六合，使丹田之氣，靈活無滯；再將心

神意氣，手眼身法步，貫注一氣，不有空隙，則內外六合成功。其次本五行相生相剋之道，以究劈蹟崩炮橫五拳，精而後再習十二形象暨各種器具，務要伸縮自如，縱躍敏捷，一發而人不及避。且此拳勢雖單純，不若花招可以悅人耳目，然一拳精，而後習以他拳，不令學者有貪多不確之弊，亦斯拳之所長也。若能循此基礎訓練法純功習練，左右互易，進退連環，須由熟而求精，尤以實用為貴，如此尚可造其極也。

是年，余留學并院，適君長院會計，時欲將其手著問世，詢諸余志，余以此舉誠有裨益於社會，然個人於此道，向無研究，可謂寡聞淺見，故不敢妄言，僅就管見所及，而弁之於書端，聊作介紹可耳！

中華民國二十四年夏　古陶李鄉亭敬敘於太原并州學院

自序

余幼時最喜運動，讀書之暇，嘗習國術以自娛，然以派別懸殊，無所適從。十五歲時，有鄉人賈翁大俊者，好道學精形意拳，聲望素著，遠近聞名。余仰其道，以師事之，賴翁耳提面命，歷十數寒暑，而行功未敢間斷。其所講之理論及應用，至理名言，所謂集思廣益，精通藝術者也。其後遊學蘇州，得遇長隆鏢局之鏢師左炳興君（晉文水人），時蒙君指導之，余於是益信國術之精奧玄妙，絕非旦夕可立待而成，是以益不敢自信，而愈覺不足。

乙亥之春遊并門，正值本省盛倡國術之際，務以發揚武德，健身強國為目的，各地名流，一時雲集，誠可謂武術中興，千載佳會，碩宿高

隱，獻藝社會，發揚秘技，此其時矣。余本不文，絕不敢饒舌以誤世，然慨世之國術名家，偶有心得，必珍藏之陋習相演，今古皆然，而衣鉢於是失其眞傳焉。余有感於斯，就余師所傳之形意拳基本行功之方法，及各路姿勢之原意，和盤托出，間有參以己意者，亦為實際上所應有，斷乎不敢臆度揣察也。今將此一得半解之拙見，以貢獻於世，願作初學者入門之途徑，及研究斯道者之一參考書可耳。倘蒙海內方家有以指正，實所企幸。

中華民國二十四年春　晉祁縣高降衡識於晉陽并州學院校舍

上編

第一章 緒言

形意拳之基礎功夫，在乎鍛鍊丹田六合以及五行十二形各式。得其全者可以卻病延年，安國保民；得其一部者，亦可壯膽、漲力、護體、擊敵，效用至廣也。然而抄襲相傳，殘缺難全，置丹田而不論者有之，棄六合而不究者有之，欲成大道，不亦難乎？

余不揣淺陋，就吾師所傳原勢，繪圖著說，並將用氣、周天、得真等秘法，以及斯拳之各要訣付印問世。通斯拳者固可作為參考，而初學者亦可藉以升堂入室矣。

第二章 淵源

形意拳相傳為宋人周通所發明，得其傳者，僅岳武穆一人。武穆名飛，字鵬舉，河南洛陽人。父早亡，事母至孝，少負節氣，足智多謀，自得周翁拳法，便殷勤行持。陝西牛皋聞名往訪，至則周翁已死，遂與武穆為莫逆交，盡得斯拳之奧妙。後金兵侵宋，武穆等大破之，於是威震遐邇。世常言：「撼山易，而撼岳家軍難。」可見其武功為如何矣！

惜乎金元數代，鮮究斯技，以致幾失流傳。降及明末清初，蒲州姬隆風，訪師終南，得武穆拳譜，歸而依法精練，斯拳乃得重興，後傳曹繼武。繼武苦學十二載，功方成，康熙癸酉科聯甲三元，欽命為陝西大靖遠總鎮都督。後告老歸籍，傳河南馬學禮。

學禮與戴龍邦交素篤（龍邦祁縣小韓村人，善技擊，廣交遊，時開廣盛店於河南十家店），故以武穆拳譜授之，時乾隆末年也。迨道光十八年，龍邦子文量（大閭）、文薰（二閭）及妻侄郭威漢皆至十家店幫龍邦執旅店業兼講學武藝（俗傳李政曾為三人之教師）。

道光二十一年間，有陝西牛希賢者來店就食。賢固牛皋之後裔，而精通斯拳者也。聞龍邦好友尚義，故來訪究竟，而人不知也。後以賢之舉動異於常人，卒為龍邦所發覺。賢被詰無奈，乃俱道所以。文量、文薰、郭威漢等三人，自此遂以師禮事之。

某夕，雷聲疊作，大雨傾盆，賢忽仰天而歎，良久不語。時文量等侍於側，怪而問之。賢曰：「余潦倒半生，家屋殘敗，值此大雨，想已傾圮矣，故不樂。」文量等交相勸慰，並雜以他言，後亦漸安。過數日天晴，文量等達龍邦之同意，暗差店夥攜款入陝，代賢大興工木，歷一載有半，廈方成。

隔數年，賢思歸，龍邦父子留之不聽，及還其莊，見屋已變，心怪之，而不敢遽入，詢諸鄰人，始知顛末，於是大為感動。居有間，復至廣盛店，盡傳其所知。

厥後李洛能慕技往訪，至則希賢已就木矣。文量等以其遠道訪師，行端情誠，遂與之相友善，於是四人日究斯技，行功弗輟。

咸豐間，捻匪作亂，清帝派兵征伐，匪之就擒，四人與有功焉，尤以文薰為最，故匪平之後，敕賜黃掛以表其功。

光緒初，文量等以年老歸里，戴五昌、戴樑棟、朱氏溫老六、賈大俊等因得其傳。余事賈翁有年，聆其述傳如此。

形意拳流傳系統表

牛皋——（未詳）——牛希賢

周通——岳武穆——（未詳）——姬隆豐——曹繼武——馬學禮

牛希賢、戴龍邦、馬學禮

戴文量、戴文薰、郭威漢

戴樑棟、孫俶倫、戴五昌、溫老六、賈大俊、李洛龍

附識：

1. 迄今流傳各地者，因未詳確故從略。
2. 戴文薰即二閭，世以龍邦為二閭，誤矣。蓋龍邦乃二閭之父也。

第三章 形意拳之要訣

一、十六本

1. 沖 沖是步也。凡前進後跟之步，謂之沖步。

2. 蹦 蹦是腿也。

3. 躦 躦是體也。凡練習各勢及站定時，頭、肩、臂、手、腰、臀、股、足，皆須合於法度。如頭宜上頂，肩宜下垂，身宜中正等，俱躦法也。

4. 就 束身之謂也。

5. 夾 如剪之夾也。

6. 合 合是六合也。心與意合，意與氣合，氣與力合，謂之內三合；手與足合，肩與胯合，肘與膝合，謂之外三合。

7. 疾 疾是毒也。凡擊拳，不疾則不足以制敵。人比我疾，則人勝；我比人疾，則我勝。

8. 正 正是直也。看正卻是斜，看斜卻是正。

9. 脛 拳譜云：脛者手摩內五行也。

10. 驚 驚起四梢也。血梢、內梢、筋梢、骨梢，謂之四梢。言心極一動，四梢已備應敵也（髮為血梢，舌為內梢，齒為骨梢，甲為筋梢）。

11. 起落 起是去，落是打；起亦打，落亦打，起落必如水之翻波。

12. 進退 進是前進，退是後退。進步宜低，退步宜高，進退須相機而行。語云：「進退不當枉習藝。」學者宜三復斯言。

13. 陰陽 出手為陽，收手為陰；動者為陽，靜者為陰；開展為陽，

斂束為陰；諸如此類，指不勝屈，要須陰陽合節，始能制敵。

14. 五行　內五行者，心肝脾肺腎也；五行拳者，橫劈鑽崩炮也。內五行動，外五行須隨。

15. 動靜　變易物體之位置，謂之動；保存或維持物體之位置，謂之靜。常靜以觀其竅，常動以應敵變。

16. 虛實　虛是靈，實是精。運勁之時，使神氣精靈，貫注全身；進而示以退，退而示以進；上卻下之，下卻上之，令敵不可捉摸，則虛實之妙得矣。

二、十六勁

踩、斬、胯、截、頂、裹、撲、挑、按、肘、撞、撥、裁、靠、雲、領。

三、用氣法

目視鼻，鼻對臍，處處行持不可移；澈二六，連環鎖，一點靈光布在眉。

心定神寧，神寧心安，心安清淨，清淨無物，無物氣行，氣行絕象，絕象覺明，覺明則神氣相通，萬氣歸根矣。

拳經歌曰：

靜養靈根氣養神，行功養道見天眞；

丹田成就長命寶，萬兩黃金不與人。

四、周天法

緊撮骨道內中提，尾閭骨節枕難逾，

目視鼎來到丹田，意存消息氣後旋，
往前又是鵲橋路，十二時中隆下池，
鎖住心猿拴意馬，要到丹田海底基，
一時快樂無窮盡，還本返原心自知。
久煉自成金剛體，百病皆除如童子。

五、得真法

混元一氣吾道成，道成莫外五眞形；
眞形內藏眞精神，神藏氣內丹道成。
如問眞形須求眞，要知眞心合眞形；
眞形合來有眞訣，眞訣合道得澈靈。
養靈根而動心者敵將也，養靈根而靜心者修道也。

下編

第一章 丹田

一、丹田之意義

丹田有三，皆穴名也，一在頭頂，曰上丹田，藏神者也；一在中腕，曰中丹田，蓄氣者也；一在臍下三寸，曰下丹田，藏精者也。

本章所述站奔之法，皆指下丹田而言。

二、站丹田法

【動作】

（甲）預備；（乙）站式

預備式

【圖解】

兩足併立，兩臂下垂，手心向地，手指向前，兩腿須直，膝蓋後挺，腰伸直，頭上頂，下頷內收，目平視前方。

【注意】

做此式時，須蓄力寧神，氣沉丹田，若言其靜，則未露其極；若言其動，則未見其跡。停立片時，存機警

第一圖　預備式

應變之意。

預備式，為振刷精神，喚起筋骨皮肉之準備動作也，故各式開始，俱須做預備式。

站式

【圖解】

由前式兩膝微屈，兩臂交叉置於胸前作十字形，手貼兩腮，手心向外。臀部縮回，緊夾穀道。足心用力向上提勁，上氣意導下降，合於丹田。稍停便起，挨次迭習，以身體不倦為度。

【注意】

行站功時，鼻、膝、足，三尖須成一直線，夫站丹田，純用站功，使全身神氣意力，貫注一起歸納於丹田，久則

第二圖　站　式

丹田自能靈活無滯，上下左右，伸縮自如矣。世稱美人掛畫者，即基如此，同道者勿忽視之。

三、奔丹田法

【動作】

（甲）預備式；（乙）奔式

奔式一

【圖解】

預備式同前（第一圖）。由預備式，左足向前稍進，膝稍屈，成丁虛步，將右腿上提。兩臂前伸，兩手微屈如抱球狀，置左足上之兩旁，與足

第三圖　奔式一

尖足踵成一直線。

【注意】

眼視足尖，腳趾上翹。提腿時必先深吸氣一口，待出腿時，氣再徐徐呼出。動作宜隨呼吸，勿急勿緩。

奔丹田式二

【圖解】

由前式，丹田用力，將右腿向前方直射，落地後左腿跟進，置於右腳旁。兩手由外向內搬，置於小腹前，手心向腹。

【注意】

腳前奔時，頭宜向上頂，頷內收。前腳落地時，宜先用踵著地；後腳跟進

第四圖　奔丹田式二

時，宜腳尖先著地。身要中正，不可前俯後仰。

夫奔丹田者，如射箭也。丹田如弓氣似箭，比為內功；外則兩臂比弓，腳比箭。奔之既久，前後左右高低，意之所至，身必隨之。昔戴（二閭）祖師恒能於十數步以外擊敵，人咸疑祖師有異術，實即奔丹田之功也。

第二章　六合

一、六合之意義

心與意合，意與氣合，氣與力合；手與足合，肩與胯合，肘與膝合，內外皆合，謂之六合。

六合在任何國術之中，任何招式之內，皆極重要。如以拳擊人，必須心神貫注，氣力集中，又須肩、肘、胯、膝等做相當之姿勢以助勢，然後始能達擊人之目的。形意拳之六合式前後左右，轉變靈活，進可以攻，退可以守，五行十二形皆以此式為基礎。

歌曰

六合基礎在丹田，手眼身法步為先；
心神意氣須一貫，內外相合惟我長。

二、練六合法

六合式

【圖解】

由預備式，左足向前移半步，身下蹲，膝與胯平。左臂直垂置於左腿裏，

第五圖　六合式

手心向內，右手作護肩掌置左肩前。倘右腿在前下勢，做六合式亦同前。再前後練習時，身向後轉，前腿變為後腿，後腿變作前腿，但轉身時須先注意後腿，左腿在後向左轉，右腿在後須右轉，此自然之勢也。

【注意】

身須側面立，且下蹲時，面積愈小愈適當，小則容易自顧，敵亦難以衝進，大則易被敵圖。學者不可不慎。

第三章　五　行

一、五行拳論

五行者金木水火土是也。五行能相生，又能相剋。

相生者何？金能生水，水能生木，木能生火，火能生土，土能生金

是也。

相剋者何？金剋木，木剋土，土剋水，水剋火，火剋金是也。

五行拳本五行相生相剋之道，練就劈鑽崩炮橫五拳。

劈拳似斧屬金，鑽拳似電屬水，崩拳似箭屬木，炮拳似炮屬火，橫拳似彈屬土。

故以相生之道論，劈拳生鑽拳，鑽拳生崩拳，崩拳生炮拳，炮拳生橫拳，橫拳生劈拳；反之相剋，則劈拳能破崩拳，崩拳能破橫拳，橫拳能破鑽拳，鑽拳能破炮拳，炮拳能破劈拳。

若能依此生剋之理，純功熟練，自能變化無窮矣。

二、五行生剋圖

五行相剋

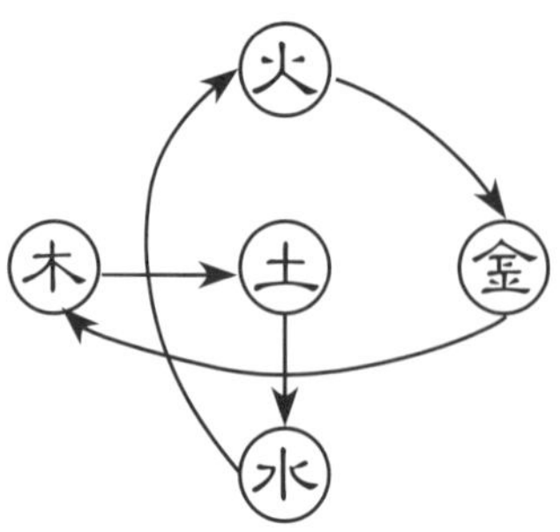

五行相生

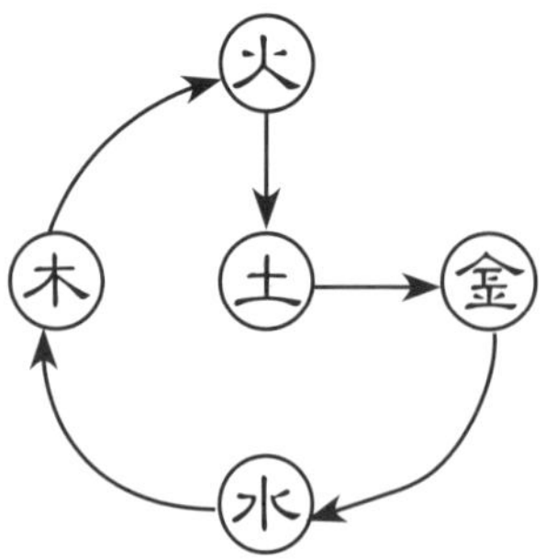

五行拳相剋

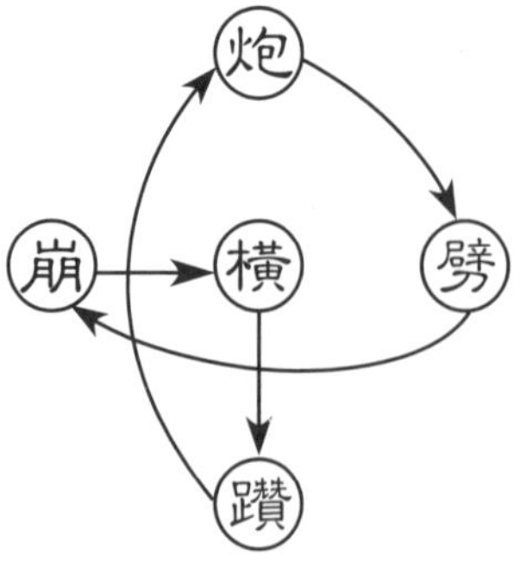

五行拳相生

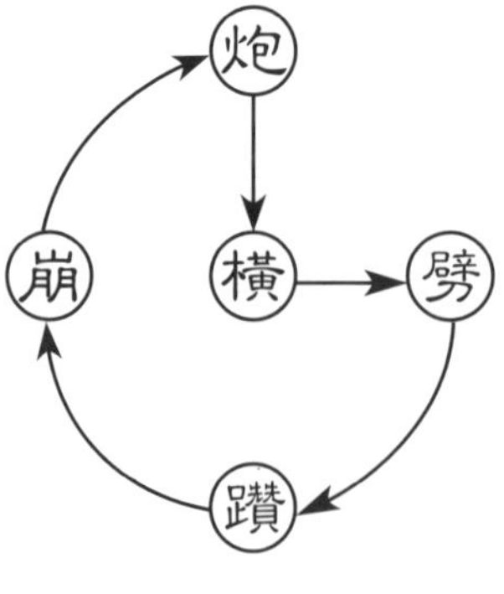

三、橫拳

【動作】

(甲)預備式;(乙)六合式;(丙)蛇形;(丁)懷中抱月;(戊)橫拳右式。

蛇形式

【圖解】

1.由預備式(如第一圖),做六合式(如第五圖)。

2.身稍起,左腳前進半步,膝前屈,成弓箭步。左手上提前伸,肘貼脅,手心向上;右臂平橫,置腹前,

第六圖　蛇形式

和左肘齊做蛇形式。

懷中抱月式

【圖解】

由前式，斂左步於原地。右手變拳護心前，左手撤回附右拳下，做懷中抱月式。

橫拳式

【圖解】

接前式，右腿向右前側前進一步。右拳由內向外直擊（肘貼脅），左手附於右肘內側，同時和右拳並進做橫拳右式。

再斂右腳，做懷中抱月式；出左腳，做橫拳左式。如此循環練習，

第七圖　懷中抱月式

第八圖　橫拳式

純熟以後，繼之以劈拳。

【注意】

動作須手眼身法步一致，且進步時尤須鼻膝腳三尖要齊。

【應用】

敵用攢拳迎面擊來，我蹲身進右步；如敵右步，向敵脅以橫拳打出。倘敵由下擊我胸腹，我須斂身以拳壓倒敵手，再挺身出橫拳以擊敵腹，敵必倒矣。此不過應用之一者，餘則變化無窮，隨機應變，須臨陣時審裁之。

四、劈拳

【動作】

（甲）預備式；（乙）六合式；（丙）蛇形式；（丁）劈拳右式；

（戊）懷中抱月式；（已）劈拳左式。

劈拳右式

【圖解】

1.由預備式（第一圖），做六合式（第五圖）。

2.由六合式做蛇形（第六圖）。

3.將重點移於左足，右足向前進一步。同時，右手作刁手，左手用陰陽掌劈下。

4.撤右足，做懷中抱月式（第七圖）。

第九圖　劈拳右式

劈拳左式

【圖解】

由懷中抱月式，左足前進一步。同時，兩手作陰陽掌劈下，成劈拳左式。

【注意】

陰陽掌下劈時用斬勁。又手須與步齊出，勿先手後足，致失效用。

【應用】

敵用崩拳提擊，我以劈拳破之，但須應付敏捷，始可操左拳也。

五、鑽拳

【動作】

（甲）預備式；（乙）六合式；（丙）蛇形式；（丁）鑽拳一式；（戊）鑽拳二式。

第十圖　劈拳左式

鑽拳式一

【圖解】

1. 由預備式（如第一圖），變六合式（如第五圖）。

2. 接前式，變作蛇形式（如第六圖）。

由前式，右腿向前提，膝上舉。同時，左手向前伸直內抱，右手由肩前用推按勁，向前推出（兩手相距約五寸許），做鑽拳式一。

【注意】

提右腿時，左腿須微屈，全身重點寄於左腳，右足趾上翹。兩手指稍屈，兩手虎口對準鼻尖。

第十一圖　鑽拳式一

鑽拳式二

【圖解】

由前式，左手從下繞至右手背後作助手。右腿向前落地。同時，兩手向下隨身法推按，做鑽拳式二。

【注意】

落步前進時，後步衝進，鑽拳式二之步，為弓箭步，惟膝前弓時，膝不得過足尖。

【應用】

設敵以右手當胸擊來，我用順手向外撥。敵再用左手向右肋擊來，我以右手外格，乘時抽出左手，由敵肩插在敵之後頸，向內緊抱，右手抓按敵之頭頂，向前推按；同時，以右膝提擊敵腹，再用腳插踩敵之中

第十二圖　鑽拳式二

門，俟左手撤回助於右手背上，落步以手下按，敵必倒矣。

六、崩拳

【動作】

（甲）預備式；（乙）六合式；（丙）下勢；（丁）金雞獨立；（戊）崩拳。

【圖解】

由預備式（第一圖），變作六合式（如第五圖）。

下勢

【圖解】

由六合式，左腿向左側方踏出一步，全

第十三圖　下　勢

身重點寄於右腳，上勢下蹲坐於右腳上。右手置左肩前作護肩掌，左手前伸置於左腿內側做下勢式。

金雞獨立

【圖解】

接前式，撤回左腿，勿著地即提膝。右手由左手外下按置胯前，左手由右手內上提作鷹爪，成金雞獨立式。

金雞獨立

【圖解】

接前式，左腿向前落地，膝前屈作弓箭步，後腳衝進。左肘前靠，

第十四圖　金雞獨立

第十五圖　金雞獨立

做崩拳式。

【注意】

1.下勢時，前足足尖須著地。

2.金雞獨立之提膝及鷹爪，須與護肩掌下按手同時做成。

3.崩拳式之前肘，不得過膝。

【應用】

敵以橫拳擊來，我即用左手下按而下勢，旋提右手用提勁擊敵頷面；同時膝擊敵腹，肘靠敵胸。

七、炮拳

【動作】

（甲）預備式；（乙）六合式；（丙）沖天炮錘；（丁）炮拳式。

炮拳一式

【圖解】

1.由預備式（如第一圖），做六合式（如第五圖）。

2.接左手變拳置腹前。左腿向前進一步，膝前屈作弓箭步。同時，右手作拳上架置額旁，左拳向前撞出，肘腕須平，做炮拳一式。

通天炮錘二式

【圖解】

接前式，進右腿提膝，全身重量寄於左腳，膝微屈而獨立。右肘下垂，拳

第十六圖　炮拳一式

第十七圖　通天炮錘二式

上舉置鼻前；左拳變掌，附於右肘內曲處，成沖天炮錘式。

【注意】

動作須一氣三出，即拳膝肘同時齊出之謂。做炮拳一式，左腳前出，著地時，用力稍重些；同時，頭宜上頂，右臂須用滾力上架，虎口向地。通天炮錘之拳，宜手背向外，高度與自己鼻尖齊，因用時專擊敵面部。提膝是為擊敵，故上提時獨立腿稍屈，提腿須含前擊之口（漏字）。

炮拳二式

【圖解】

接前式，右腿勿著地，即前進一步，屈膝成弓箭步。左拳向上滾架置額旁，右拳向前撞出，肘腕須平，右肩稍前，成炮拳二式。

第十八圖　炮拳二式

【注意】

做弓箭步，膝不可過足尖，且前腿上步時，後腿必向前衝進。且前進錘之勁須發自腰，以肩催臂，臂催拳，才能有用。再進步要小，背宜彎，小則易變，彎則收斂，此確而不移之理也。

【應用】

倘敵以劈拳擊我，可以此拳破之。

以上五行拳練習時，可以左右互換。上所舉之例，不過十一，餘則學者可以一隅三反，無須我贅筆，徒費時間。

至所云橫拳能破蹟拳，蹟拳能破炮拳等等，非謂橫拳僅能破狹義之蹟拳，蹟拳僅能破狹義之炮拳，蓋凡類蹟拳之拳或掌擊來，皆可以橫拳破之也，推之崩炮劈各拳，莫不皆然。

第四章　十二形象

十二形象之意義

古人採龍、虎、猴、馬、駘、貓、燕、鷂、鷹、雞、鶴、蛇，十二種動物之動作，象形取意，練成十二形象。

夫龍有搜骨之法，虎有撲食之猛，猴有縱躍之靈，馬有蹄擊之功，駘有豎尾之力，貓有捕捉登高之術，燕有取水之妙，鷂有穿林之巧，鷹有抓拿之技，雞有鬥智之勇，鶴有展翅之用，蛇有撥草之能。

觀其形，取其能，其各物之技術，使人兼而有之，專練手眼身法步，必至行動靈敏，立勢穩固；起若風，落若箭；形似狸貓，站如虎；進可以攻，退可以守。苟能持之以恆心，不畏苦，不憚勞，純功習練，

須數載如一日，不五載而功必成，學者宜勉之。

龍形

【動作】

（甲）預備式；（乙）裹身藏手龍形式；（丙）分心掌；（丁）龍尾式。

裹身藏手式

【圖解】

由預備式，左腿向後轉旋，約二百度，屈膝成弓箭步。腰隨腿向左擰，左臂上懸，橫置頭上，手心向上，肘彎處要圓；右手由胯旁，手

第十九圖　裹身藏手式

背向前，往左方平運，至襠間，將手藏伏，做裹身藏手式。

【注意】

眼須隨左臂向左平移視線。左臂上裹時要含滾勁。

裹身藏手龍形式二

【圖解】

1. 接前式，兩足向右擰，屈右膝，腰隨身向右擰，右腿變前弓步。右臂由左肋上舉，橫懸頭上，手心向上；左手由額旁手心向下按，至胯旁手背向前平運，至襠間藏伏，成裹身藏手式二。

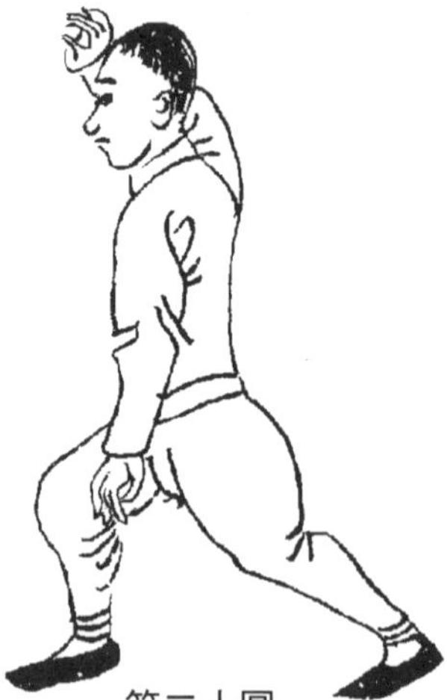

第二十圖
裹身藏手龍形式二

2. 再左足向前邁進一步，但足須繞至右足旁向前進，重心點則能穩寄右腳上。左臂由肋上提，橫懸頭額旁；右手由額上手心向地下按，至胯旁手背向前平運，至襠中將手藏過，做裹身藏手龍形式二。

分心掌

【圖解】

接前式，右手由額角下按至右胯旁止，左手由襠前提起前推，手心蓄力，做分心掌式。

【注意】

用掌前推時，勁須發於腰，以腰催膀，膀催腕，掌心蓄力，俟手到敵身一寸間，再發勁推去，敵固不及逃，勁亦難以散。學者注意之。

第二十一圖　分心掌

龍尾式

【圖解】

1. 接上式，右腿前進一步，膝前屈，作弓箭步。右手隨腿前推，肩和腰要平；左手指稍屈（作雞爪式），向後抓，成龍尾式一。

2. 如左步前上，左手隨腿前推，右手指稍屈後抓，成龍尾式二。

【注意】

身須側進，肩向前，手腕與肩及膝成一直線，後手與後腿亦成一垂直線。

【應用】

敵由左方擊來，我以左手上裹敵臂，以右手背擊敵左脅。反之，敵

第二十二圖　龍尾式

由右方擊來，我以左手背擊敵右脅。至分心掌之用法，倘敵右手當胸擊來，我用左手向外撥開，以右掌封敵胸部。龍尾式是用穿勁，倘敵擊我胸部或面部，我須下勢用穿勁，先進肩膀，以手擊敵之胸面也。

虎形

【動作】

（甲）預備式；（乙）熊胸虎步；（丙）抱球式；（丁）虎撲式。

熊胸虎步

【圖解】

1. 預備式（同前第一圖）。
2. 左腿向東前進一步，膝前屈作虎

第二十三圖　熊胸虎步

步（弓箭步）。同時，兩手作拳，由脅旁上提至肩窩（肘腕要平），不可稍停，即沿胸直向下栽，止於小腹前，兩拳眼相對，成熊胸虎步。

抱球式

【圖解】

接前式，斂左步，足踵提起，成丁虛步，右膝稍屈，重點寄於右腿上。兩拳變掌，手指微屈，隨腿由外往內抱（如抱物狀），置於丹田下兩旁，手心向上，做抱球式。

第二十四圖　抱球式

虎撲式

【圖解】

接前式，左足踏實，移重點於左足上，右腿向前邁進一步。兩手上抱至胸口，轉掌向地，跟步一齊前撲，兩肘貼脅，成虎撲形式。

【注意】

進步做熊胸虎步時，膀須跟腿前穿，至膝間再向上靠。做虎撲式，前腿前進，後腿衝進，肘不得過膝，過則易倒矣。

【應用】

凡敵用掌或拳當胸擊來，即用雙臂分開敵之兩臂，急忙進步，用兩掌向敵中腕撲打，足須踩敵之中門。

第二十五圖　虎撲式

馬形

【動作】

（甲）預備式；（乙）馬奔式；（丙）蹄擊錘。

馬奔式

【圖解】

由預備式，抬左腿，微屈右腿。同時，兩手抱拳屈肘上舉置於頭上，成馬奔式。

【注意】

兩臂上舉時用滾勁，拳眼向下，兩拳相距約寸許。左足與右胯成水平，左足尖上翹。目視前方，以觀敵之動作。

第二十六圖　馬奔式

蹄擊錘

【圖解】

1. 由前式，左足落地，右步跟進。同時，兩拳向下直栽，成蹄擊錘。

2. 右足進半步，兩臂再向上舉。同時，再抬左腿，再下栽。如此迭次練習（左右皆同）。

第二十七圖　蹄擊錘

【注意】

蹄擊錘須兩拳眼相對，步須前弓後直。

【應用】

凡敵人用拳掌由上擊來，即用兩臂滾架，並以足踩敵中門，繼以兩拳栽擊敵之小腹。

駘形

【動作】

（一）預備式；（二）懷中抱月式；（三）駘形式。

【圖解】

1. 預備式同（第一圖）。

2. 懷中抱月式同前（第七圖）。

駘形式

【圖解】

由懷中抱月式，右腿向前邁進一步。同時，左手附右前臂，以右肘前靠右胯，則隨肘偏豎成駘形式。

第二十八圖　駘形式

【注意】

抱肘前靠時，必須藏頭。進步時，身須稍下側進，不可正身前撞。又靠勁與胯勁宜一致發出。

【應用】

敵向我面部或胸部擊來，我左腿向左稍移半步，身稍下蹲，右腿前邁進一步，側身抱肘以擊敵肋；同時下勢以胯擊敵大股。

猴形

【動作】

（甲）預備式；（乙）猴形式一；（丙）猴形式二。

猴形式一

【圖解】

1. 預備式同前（第一圖）。

2. 由預備式向左擰身，左足在前成丁虛步，重點寄於右足，勢下坐。同時，兩臂屈肘，由外向內裹。左足在前。右手置於胸前，掌心向內，手指鉤屈，成猴形式一。

猴形式二

3. 由前式向後擰身，後變為前，右足在前成丁虛步，重點寄於左足，勢下坐。同時，兩手指微放，兩臂用分力前擊，掌

第二十九圖　猴形式一

第三十圖　猴形式二

心向外，成猴形式二。

【注意】

做猴形式時須含胸拔背，目視前手指端之上。前肘不得過前膝，前手不得過前足。

【應用】

敵用拳或掌向胸擊來，我即用腕背以裹力制之。如敵由後方襲擊，我即向後擰身，腕背用分力撥開敵之拳掌，而擊其面部。

貓形

【動作】

（甲）預備式；（乙）六合式；（丙）仙猿摘果式；（丁）狸貓上樹式。

仙猿摘果式

【圖解】

1. 由預備式（同前），變作六合式（同前）。

2. 由前式身向右轉，右足踵提起，足尖著地，成丁虛步。兩肘貼肋，左手由左膝裏翻上置於面前，右手由左肩前，肘往下垂置於左手前，兩手心向裏，手指微屈，做仙猿摘果式。

【注意】

兩腿屈膝，身下坐，兩眼視上，右手稍高於左手，兩食指對正鼻尖。

第三十一圖　仙猿摘果式

貓上樹式

【圖解】

接上式，兩手下翻，手心向外，兩手往下繞至小腹沿胸畫立圓，但手畫至胸前，往前推時，右腿向前踢，全身跳起，落地時左腿仍在原地，右腳落於左腿前，仍成丁虛步。俟右腳著地時，而手作鷹爪，須隨身向下按成狸貓上樹式。再由前式做仙猿摘果式，左腿前踢，全身躍起，右腿落於原地。兩手畫一立圓，做狸貓上樹式。如此更換練習之。

【注意】

後腳前踢，一為擊敵小腹或陰間，一為插入敵之中門（襠間），以兩手推按敵之胸部。

第三十二圖　貓上樹式

【應用】

敵向我之胸部或面部擊來，我用兩手向外撥開（用裏勁），後足前踢敵之陰間，踢後插入敵之中門，用兩手推按敵之胸部，敵必為我制矣。

燕　形

【動作】

（甲）預備式；（乙）燕子取水式一；（丙）燕子取水式二；（丁）分心掌。

燕子取水式一

【圖解】

1. 預備式同前。
2. 由預備式身向左轉，左足在前提

第三十三圖
燕子取水式一

起足踵，重點寄於右足，勢下蹲，坐於右腿上。同時，左臂平伸，肘與胯合，掌心蓄力，做前手推，右肘貼肋，左手置於左肘彎處，作防守掌，成燕子取水式一。

【注意】

向前推手時，臂須稍屈，不可過直，勁蓄於掌心，俟及敵身，用力前推，勁即不散耳。

燕子取水式二

【圖解】

接前式，兩手向上翻。右腿用力，身上起；同時，左腿上提，膝與胯平，左足稍前伸，做燕子取水式二。

第三十四圖
燕子取水式二

【注意】右膝微屈。兩手指稍屈，手心向上。

分心掌

【圖解】接前式，兩手掌向下翻。左腿向前落步，兩足前推後足衝進，成分心掌式。

【注意】前腿進步，後腿衝進時，不可著地拖泥帶水，有凝發勁。

【應用】敵以右手當胸腹擊來，我即用右手刁敵手腕，左手壓敵臂肘，身下蹲，使敵勁散，以壓敵臂之手前推。敵必撤右手，以左手擊我面部，我

第三十五圖　分心掌

起身翻掌，上抬敵手，以左腿提擊敵腹；同時，踩敵之中門，翻掌前推，敵必倒矣。

鷹形

【動作】

（甲）預備式；（乙）蛇形；（丙）鷹爪式

鷹爪式

【圖解】

1. 預備式同前（第一圖）。

2. 蛇形式同前（第六圖）。由蛇形，右腿向前邁進一步。轉掌隨腿向前抓下，成鷹爪式。

第三十六圖　鷹爪式

【注意】

前手與前腿之膝足須成一直線。

【應用】

設敵右腿在前，以右手向我面部擊來，我即用順手外掤。如敵再進左步，以左手當胸擊來，我即用右手向上架掤；同時，上右步插敵中門，翻掌向敵面胸抓下（用按勁）。

鷂形

【動作】

（甲）預備式；（乙）下勢；（丙）鷂形式。

下勢

【圖解】

1. 預備式同前（第一圖）。

2. 由預備式，右腿向右側伸出，重點寄於左足，下蹲。左手作護肩掌置於右肩前，右手由胯旁沿右腿向前伸出，置於右腿內側成下勢式。

【注意】

下勢時右足尖切勿離地。

鷂形式

【圖解】

由前式，起身收右腿作弓箭步。

同時，右肩向上豎伸前靠，做鷂形式。

第三十七圖　下 勢

第三十八圖　鷂形式

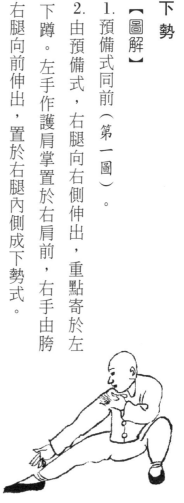

【注意】

起身時右腿稍提，即向前進，後腿銜步跟進，左手置於右臂彎處。

【應用】

敵用拳掌當胸擊來（但須敵手迫近），我即向右閃過，以腿插敵中門。如敵再以右手擊來，我即用左手刁按敵手，急起身豎肩前靠。

雞形

【動作】

（甲）預備式；（乙）雞腿式

雞腿式

【圖解】

由預備式，左手上提，肘腕須

第三十九圖　雞腿式

平。右腿上提向前踏出（但提腿時趾下抓，踏腿時趾上翹）。右臂肘屈，手置鼻前，指微屈手心向外。

腿前踏時臂跟腿同時前伸，手向下按，再左腿上提前踏，左膀同手跟腿下按，成雞腿形。

【注意】

右手前按，左手作防。倘敵擊來，我以防手刁敵腕外撥，右手前按敵胸或面；若左手前按時，右手作防。

【應用】

敵當面擊來，我以防手刁敵手腕下按，後腿踩敵中門，後手跟隨抓按敵面。

倘敵發覺，後退一步，我必進一步以攻之。敵前進一步，我退後一步以應之。總之以粘敵身為要。

鶴形

【動作】

（甲）預備式；（乙）白鶴展翅；（丙）白鶴束翅。

白鶴展翅

【圖解】

1. 預備式同前（第一圖）。

2. 由預備式，兩臂微屈下蹲，繼向外用滾動上舉，兩手心向外，停於頭額之上。同時，左腿微上提，足尖上翹，成白鶴展翅式。

【注意】

兩臂用滾勁向上架，舉時須以腰肩助勁。

第四十圖　白鶴展翅

白鶴束翅

【圖解】

由前式，左足向前方踏進一步，右足微帶衝意跟進。同時，兩手變掌下劈，成白鶴束翅式。

【注意】

兩手劈下時步須前弓後直。

【應用】

敵由前方向我胸腹擊來，我即用臂腕向上滾架，趁敵落空，急以掌擊其肋腹。

第四十一圖　白鶴束翅

蛇形

【動作】

（甲）預備式；（乙）六合式；

（丙）蛇形。

蛇形

【圖解】

1.由預備式（同前），變六合式（同前）。

2.接前式，左足向左衝進半步，右足向左衝進。同時，左手上提，前伸右臂肘貼肋，小臂平舉，如五行拳中蛇形式（第六圖）。

第四十二圖　蛇形

分心掌

【圖解】

接前式，向前邁進右步。同時，右手向前推出，左手作防守掌橫置胸前。

【注意】

蛇形第一式兩手含有撥勁。作推手掌時，手指在前，手心蓄力。

【應用】

敵用右手擊來，我以左手撥開，右手隨右步向敵中腕推按之。

第四十三圖　分心掌

結論

鍛鍊丹田六合，為形意拳基本中之基本，故於上編述之，五行拳十二形拳，皆利用丹田六合推演而成，故於下編述之。按五行拳十二形拳，可連接練習，亦可單獨練習，惟單練時，每式皆需做預備式；連練時，則僅於開首時做一預備式可耳。

本書所述，純係單練之法。蓋單練純熟，連練自不成問題，且初學者學習簡易，不至望而卻步矣。

五行拳十二形拳各式，皆是左右互練之拳，左式既畢，繼以右式，庶身體各部無畸形發展之弊，而有互助健強之益。茲為免贅起見，除劈拳及龍形等數式外，皆屬就左式圖著，間或有以右式圖著者，則略其左式。

又各式之應用，多言敵由前方擊來，或當胸擊來云云，非不顧及後方或左右之謂也。蓋六合純熟，前後左右，皆能轉變靈活，故雖曰前方擊來云云，實則後方左右上下皆已包括在內矣。

再本書所述應用之點，不過其概略中之概略，至若審動靜，辨虛實，意之所至，著勁即隨，無意而皆意，不法而皆法，千變萬化，所向無敵，則存乎其人矣！

中華民國二十四年六月三十日出版

形意拳基本行功秘

定價大洋六

編輯者祁縣高

出版者仝

校閱者王善
劉綿

發行者太原晉新

印刷者仝

版權所有
不准翻印

形意拳譜五綱七言論　形意拳基本行功秘法

著　　者｜靳雲亭　高降衡
校 點 者｜常學剛
責任編輯｜王躍平

發 行 人｜蔡森明
出 版 者｜大展出版社有限公司
社　　址｜台北市北投區（石牌）致遠一路 2 段 12 巷 1 號
電　　話｜(02)28236031・28236033・28233123
傳　　真｜(02)28272069
郵政劃撥｜01669551
網　　址｜www.dah-jaan.com.tw
電子郵件｜service@dah-jaan.com.tw
登 記 證｜局版臺業字第 2171 號

承 印 者｜傳興印刷有限公司
裝　　訂｜佳昇興業有限公司
排 版 者｜弘益電腦排版有限公司
授 權 者｜山西科學技術出版社
初版 1 刷｜2015 年 11 月
初版 2 刷｜2023 年 10 月

定　　價｜230 元

國家圖書館出版品預行編目 (CIP) 資料

形意拳譜五綱七言論形意拳基本行功秘法 / 靳雲亭, 高降衡著.
— 初版 — 臺北市，大展出版社有限公司，2015.11
面；21 公分 — (老拳譜新編；25)
ISBN 978-986-346-091-6 (平裝)
1.CST: 拳術　　2.CST: 中國
528.972　　104018373

版權所有，不得轉載、複製、翻印，違者必究，
本書若有裝訂錯誤、破損，請寄回本公司更換。